Libro de Prácticas

Para el Control Del Retraso del Habla en Niños

Autora

Losvania Pereyra

Porada

LIBRO DE PRACTICAS
CONTROL DEL
RETRASO DEL HABLA

Reconfigure el habla de su hijo en sólo 1 mes.

Descubre los hábitos
de aprendizaje de tu
hijo y obtén el plan.

Autora
Losvania Pereyra

Resumen de los que encontrara en este libro

Este libro está diseñado como una guía práctica y comprensiva para padres, cuidadores y profesionales que están enfrentando el desafío del retraso del habla en niños. A lo largo de sus páginas, los lectores encontrarán:

- **Entendimiento del Retraso del Habla**: Se explora qué es el retraso del habla, sus causas y factores de riesgo. Se enfatiza la importancia de la evaluación temprana y multidisciplinaria para identificar y abordar las dificultades del habla en los niños.

- **Estrategias y Técnicas de Intervención**: Se presentan métodos efectivos de terapia del habla y lenguaje, acompañados de ejercicios y actividades específicas que pueden ser implementadas tanto por terapeutas como en el hogar. Se incluyen juegos y actividades divertidas diseñadas para fomentar el desarrollo del lenguaje de manera integral.

- **Apoyo Continuo y Recursos Adicionales**: Se discute la colaboración con profesionales de la salud y se proporciona información sobre recursos útiles, como libros, aplicaciones y organizaciones de apoyo. Se enfatiza la importancia del seguimiento continuo y del ajuste del plan de tratamiento para optimizar el progreso del niño.

Autora
Losvania Pereyra

- **Perspectivas a Futuro**: Se ofrece una visión sobre las expectativas de desarrollo a largo plazo para niños con retraso del habla, destacando la importancia de la paciencia, la persistencia y el apoyo familiar en el camino hacia la mejora del habla y el lenguaje.

Este libro no solo busca informar, sino también empoderar a los lectores con herramientas prácticas y conocimientos fundamentales para apoyar de manera efectiva a niños con retraso del habla, promoviendo así un desarrollo lingüístico saludable y exitoso.

Autora

Losvania Pereyra

Índice

"Prácticas para el Control del Retraso del Habla en Niños":

Introducción

1. **Qué es el retraso del habla**
   - Definición y características principales
   - Importancia del desarrollo del habla en los niños

Parte I: Entendiendo el retraso del habla

2. **Causas y factores de riesgo**
   - Factores genéticos, ambientales y sociales
   - Identificación temprana de señales de alerta
3. **Evaluación inicial**
   - Herramientas y métodos para evaluar el habla de un niño
   - Importancia de la evaluación multidisciplinaria

Autora
Losvania Pereyra

Autora
Losvania Pereyra

Conclusión

9. **Futuro del niño con retraso del habla**
   - Expectativas de desarrollo a largo plazo
   - Importancia de la paciencia y la persistencia

Apéndices

- Ejemplos de hojas de registro para seguimiento del progreso
- Lista de vocabulario básico para enriquecer el lenguaje

Recursos adicionales

- Bibliografía
- Glosario de términos técnicos

Este índice proporciona una estructura organizada que abarca desde la comprensión inicial del retraso del habla hasta estrategias prácticas y recursos de apoyo para los padres y cuidadores. Cada capítulo puede desarrollarse con ejemplos concretos, estudios de caso y actividades específicas para mejorar la experiencia de aprendizaje y tratamiento del niño.

Autora

Losvania Pereyra

Introduccion

Prácticas para el Control del Retraso del Habla en Niños":

En el fascinante y complejo viaje del desarrollo infantil, el lenguaje desempeña un papel central y vital. Es a través del habla que los niños exploran y comprenden el mundo que los rodea, expresan sus necesidades y emociones, y establecen conexiones significativas con los demás. Sin embargo, para algunos niños, este proceso natural puede presentar desafíos significativos. El retraso del habla, una condición que afecta a un número considerable de niños en todo el mundo, puede manifestarse de diversas maneras, desde dificultades leves en la pronunciación hasta problemas más profundos que afectan la comprensión y la comunicación.

Este libro, "Prácticas para el Control del Retraso del Habla en Niños", surge como una herramienta esencial para padres, cuidadores y profesionales de la salud que enfrentan este desafío. En sus páginas, exploraremos de manera exhaustiva y comprensiva qué implica el retraso del habla, desde sus causas subyacentes hasta las estrategias más efectivas para su evaluación y tratamiento. Abordaremos la importancia crucial de la detección temprana y la intervención oportuna, destacando cómo un enfoque coordinado entre familias, terapeutas del habla y otros especialistas puede marcar una diferencia significativa en el desarrollo lingüístico y emocional de un niño.

Autora
Losvania Pereyra

A lo largo de este libro, los lectores encontrarán no solo teoría y análisis clínico, sino también prácticas recomendadas basadas en la experiencia y la investigación actual. Exploraremos técnicas innovadoras de terapia del habla y lenguaje que han demostrado ser efectivas en mejorar las habilidades comunicativas de los niños, así como estrategias cotidianas que pueden implementarse en el hogar para reforzar el aprendizaje y la consolidación del lenguaje. Además, se proporcionarán recursos útiles y guías paso a paso para apoyar a los padres en este proceso, promoviendo un ambiente enriquecedor que fomente el desarrollo continuo del habla y el lenguaje.

Este libro no pretende ser solo una guía práctica, sino también un faro de esperanza y empoderamiento para quienes enfrentan el desafío del retraso del habla en sus hijos o pacientes. A través del conocimiento compartido y la colaboración interdisciplinaria, aspiramos a abrir caminos hacia un futuro donde cada niño tenga la oportunidad de desarrollar plenamente su potencial lingüístico, facilitando así una conexión más profunda y significativa con el mundo que los rodea.

Autora
Losvania Pereyra

2. **Qué es el retraso del habla**

3. El retraso del habla se refiere a una condición en la cual un niño presenta dificultades en el desarrollo del lenguaje hablado en comparación con otros niños de su misma edad cronológica. Esta dificultad puede manifestarse en varias formas, como problemas para pronunciar palabras claramente, dificultades para combinar palabras en frases completas, o una limitación en la comprensión del lenguaje y la comunicación verbal.

4. Es importante destacar que el retraso del habla no debe confundirse con trastornos del habla o del lenguaje más severos, como la disfluencia (tartamudez) o los trastornos del desarrollo del lenguaje, los cuales tienen características específicas y pueden requerir enfoques terapéuticos distintos. El retraso del habla generalmente implica un retraso temporal en el desarrollo del lenguaje que puede corregirse con intervención adecuada y apoyo continuo.

5. Las causas del retraso del habla pueden ser diversas y pueden incluir factores genéticos, problemas de audición no detectados, condiciones médicas subyacentes, o un entorno familiar o social que no favorezca el desarrollo lingüístico. La evaluación temprana por parte de profesionales especializados, como terapeutas del habla y lenguaje, es fundamental para determinar las causas específicas del retraso del habla en un niño y para diseñar un plan de intervención personalizado.

Autora
Losvania Pereyra

6. En resumen, el retraso del habla es una condición común que afecta el desarrollo del lenguaje en niños, pero con el apoyo adecuado y la intervención oportuna, muchos niños pueden mejorar significativamente sus habilidades lingüísticas y alcanzar un desarrollo comunicativo más completo.

7. En el fascinante y complejo viaje del desarrollo infantil, el lenguaje desempeña un papel central y vital. Es a través del habla que los niños exploran y comprenden el mundo que los rodea, expresan sus necesidades y emociones, y establecen conexiones significativas con los demás. Sin embargo, para algunos niños, este proceso natural puede presentar desafíos significativos. El retraso del habla, una condición que afecta a un número considerable de niños en todo el mundo, puede manifestarse de diversas maneras, desde dificultades leves en la pronunciación hasta problemas más profundos que afectan la comprensión y la comunicación.

Autora

Losvania Pereyra

8. **El retraso del habla: una condición multifacética**

9. El retraso del habla se define como la discrepancia significativa entre el desarrollo del lenguaje de un niño y las expectativas normativas para su edad cronológica. Esta condición puede estar influenciada por una variedad de factores, incluidos los genéticos, ambientales y sociales. En algunos casos, el retraso del habla puede ser una manifestación temprana de otras condiciones subyacentes, como trastornos del desarrollo o déficits sensoriales. Es crucial entender que cada niño es único, y las causas exactas del retraso del habla pueden variar ampliamente de un individuo a otro.

10. **Manifestaciones y evaluación del retraso del habla**

11. El retraso del habla puede manifestarse de diversas formas, dependiendo de la gravedad y la naturaleza específica de los desafíos del niño. Algunos niños pueden tener dificultades para pronunciar ciertos sonidos o palabras correctamente, mientras que otros pueden mostrar una capacidad limitada para combinar palabras en frases coherentes. Además de las dificultades en la producción del habla, el retraso del habla también puede afectar la comprensión del lenguaje y la capacidad de comunicarse de manera efectiva con los demás.

Autora
Losvania Pereyra

12.   La evaluación inicial del retraso del habla juega un papel fundamental en el proceso de intervención. Esta evaluación generalmente incluye la observación del desarrollo del lenguaje del niño, así como la utilización de herramientas y técnicas estandarizadas para evaluar la pronunciación, la fluidez verbal y la comprensión del lenguaje. Es importante destacar que la evaluación debe ser multidisciplinaria, involucrando a terapeutas del habla y otros profesionales de la salud para obtener una comprensión integral de las necesidades específicas del niño y desarrollar un plan de tratamiento personalizado.

13.   **Importancia de la intervención temprana**

14.   La detección temprana y la intervención oportuna son fundamentales para mejorar los resultados a largo plazo en niños con retraso del habla. La investigación ha demostrado que los niños que reciben intervención adecuada y temprana tienen mayores probabilidades de alcanzar niveles adecuados de desarrollo del lenguaje y comunicación. Además, el apoyo continuo y la colaboración entre padres, cuidadores y profesionales de la salud son cruciales para establecer un entorno de aprendizaje y desarrollo que maximice el potencial del niño.

Autora
Losvania Pereyra

15.	En resumen, el retraso del habla es una condición compleja y multifacética que puede afectar significativamente el desarrollo del lenguaje y la comunicación en los niños. Entender las causas subyacentes, las manifestaciones específicas y la importancia de la intervención temprana son pasos fundamentales para proporcionar el apoyo necesario y promover el desarrollo saludable del habla en los niños afectados. Este libro busca ofrecer herramientas prácticas y conocimientos fundamentales para ayudar a padres, cuidadores y profesionales a enfrentar este desafío con confianza y efectividad.

Autora

Losvania Pereyra

Parte I: Entendiendo el retraso del habla

El retraso del habla es una condición que afecta el desarrollo del lenguaje hablado en los niños, y comprender sus fundamentos es crucial para abordarlo de manera efectiva. Esta sección del libro se adentra en los aspectos clave relacionados con el retraso del habla, desde sus definiciones hasta las causas y los métodos de evaluación.

1. Definición y Características del Retraso del Habla

El retraso del habla se define como una discrepancia significativa entre el desarrollo del lenguaje de un niño y las expectativas normativas para su edad cronológica. Esto puede manifestarse de diversas maneras, como dificultades en la pronunciación de palabras, problemas para combinar palabras en frases coherentes, o limitaciones en la comprensión y expresión verbal. Es importante diferenciar el retraso del habla de otros trastornos del habla o del lenguaje más severos, como la dislexia o los trastornos del espectro autista, que tienen características distintas y requieren enfoques terapéuticos específicos.

Autora
Losvania Pereyra

2. Causas del Retraso del Habla

Las causas del retraso del habla pueden ser variadas y multifactoriales. Entre las causas comunes se incluyen factores genéticos, problemas de audición no detectados, condiciones médicas subyacentes como parálisis cerebral o síndrome de Down, y entornos familiares o sociales que no favorecen el desarrollo del lenguaje. Identificar la causa subyacente del retraso del habla es fundamental para diseñar un plan de intervención efectivo y adecuado a las necesidades específicas del niño.

3. Evaluación del Retraso del Habla

La evaluación del retraso del habla es un paso crucial para determinar la naturaleza y la gravedad de las dificultades lingüísticas de un niño. Los profesionales especializados, como los terapeutas del habla y lenguaje, utilizan diversas herramientas y métodos para evaluar la pronunciación, la fluidez verbal, la comprensión del lenguaje y otras habilidades lingüísticas. Esta evaluación es multidisciplinaria e incluye la recopilación de información tanto del niño como de su entorno familiar y educativo, con el fin de obtener una imagen completa de las necesidades del niño y establecer metas terapéuticas claras.

Autora
Losvania Pereyra

4. Importancia de la Intervención Temprana

La intervención temprana es fundamental para mejorar los resultados a largo plazo en niños con retraso del habla. Investigaciones han demostrado que los niños que reciben intervención adecuada y oportuna tienen mayores probabilidades de alcanzar niveles normales de desarrollo del lenguaje y comunicación. Además, la intervención temprana puede ayudar a prevenir problemas adicionales en el desarrollo social, emocional y académico del niño.

En conclusión, entender el retraso del habla implica comprender sus características, causas y métodos de evaluación, así como reconocer la importancia crucial de la intervención temprana para apoyar el desarrollo lingüístico saludable de los niños afectados. Esta sección del libro proporciona una base sólida de conocimientos para padres, cuidadores y profesionales que buscan comprender y abordar efectivamente esta condición común en la infancia.

Autora

Losvania Pereyra

Parte II: Estrategias y técnicas de intervención para el retraso del habla

En esta parte del libro, nos enfocaremos en las estrategias y técnicas efectivas para intervenir en el retraso del habla en niños. Es crucial proporcionar herramientas prácticas tanto para terapeutas del habla y lenguaje como para padres y cuidadores, con el objetivo de fomentar un desarrollo lingüístico saludable y mejorar las habilidades comunicativas del niño.

1. Terapia del habla y lenguaje

La terapia del habla y lenguaje es el componente central del tratamiento para niños con retraso del habla. Los terapeutas del habla emplean una variedad de enfoques terapéuticos basados en las necesidades individuales del niño. Estos pueden incluir:

- **Terapia articulatoria**: Se enfoca en mejorar la precisión de la pronunciación de sonidos individuales o grupos de sonidos que el niño tenga dificultades para articular correctamente.
- **Terapia fonológica**: Trabaja en la corrección de patrones de errores fonológicos, es decir, los patrones de pronunciación incorrecta que afectan múltiples sonidos o palabras.
- **Terapia pragmática**: Se centra en mejorar las habilidades de uso del lenguaje en contextos sociales, como la conversación, turnos de habla, y habilidades de escucha activa.
- **Terapia de fluidez**: Dirigida a niños que presentan disfluencias, como tartamudez, con el objetivo de mejorar la fluidez del habla.

Autora
Losvania Pereyra

2. Estrategias y actividades para el hogar

Es crucial que los padres y cuidadores participen activamente en el proceso terapéutico en el hogar. Se recomienda implementar estrategias y actividades que complementen la terapia del habla y lenguaje profesional. Algunas estrategias efectivas incluyen:

- **Modelado del habla correcta**: Los adultos deben modelar correctamente la pronunciación y el uso del lenguaje para que el niño pueda imitar y aprender.
- **Juegos y actividades estructuradas**: Utilizar juegos y actividades que estimulen el desarrollo del lenguaje, como juegos de roles, cuentos interactivos y actividades de categorización de palabras.
- **Uso de recursos visuales**: Emplear imágenes, tarjetas de vocabulario y otros recursos visuales para apoyar la comprensión y la producción del lenguaje.

Autora

Losvania Pereyra

Estrategias y técnicas de intervención para el retraso del habla

Las estrategias y técnicas de intervención para el retraso del habla son fundamentales para apoyar el desarrollo lingüístico de los niños afectados. A continuación, se detallan varias estrategias efectivas que pueden implementarse tanto en entornos clínicos como en el hogar, adaptadas a las necesidades individuales de cada niño:

1. Evaluación Integral del Habla y Lenguaje

Antes de iniciar cualquier intervención, es crucial realizar una evaluación exhaustiva del habla y lenguaje del niño. Esta evaluación puede incluir pruebas formales y observaciones clínicas para determinar el alcance y la naturaleza del retraso del habla. Los terapeutas del habla y lenguaje utilizan esta información para establecer metas terapéuticas específicas y personalizadas.

2. Terapia Articulatoria

La terapia articulatoria se centra en mejorar la precisión de la pronunciación de sonidos individuales o grupos de sonidos que el niño tenga dificultades para articular correctamente. Se utilizan ejercicios específicos de articulación, como la imitación de sonidos, el modelado auditivo y el uso de espejos para que el niño visualice y corrija la posición de los órganos del habla (lengua, labios, mandíbula).

Autora
Losvania Pereyra

3. Terapia Fonológica

La terapia fonológica aborda los patrones de errores fonológicos, es decir, los patrones sistemáticos de pronunciación incorrecta que afectan múltiples sonidos o palabras. Los terapeutas trabajan para mejorar la comprensión auditiva del niño y su capacidad para discriminar entre sonidos, así como para enseñar estrategias para corregir estos errores a través de actividades estructuradas y repetitivas.

4. Terapia de Estimulación del Lenguaje

Esta terapia se enfoca en enriquecer el vocabulario del niño y mejorar sus habilidades de expresión verbal. Se utilizan actividades de categorización de palabras, juegos de asociación de imágenes con palabras, y narración de cuentos para fomentar el desarrollo del vocabulario y la comprensión semántica.

5. Terapia Pragmática

La terapia pragmática se centra en mejorar las habilidades de uso del lenguaje en contextos sociales. Se enseñan habilidades conversacionales, como turnos de habla apropiados, escucha activa, y el uso de gestos y expresiones faciales para apoyar la comunicación efectiva. Los juegos de roles y las simulaciones de situaciones sociales son herramientas útiles en este tipo de terapia.

Autora

Losvania Pereyra

6. Ejercicios de Respiración y Coordinación Oral

Para mejorar la fluidez y la coordinación de los movimientos orales, se pueden realizar ejercicios de respiración y técnicas de relajación muscular. Estos ejercicios ayudan a fortalecer los músculos utilizados en la producción del habla y a mejorar la coordinación de los movimientos necesarios para una articulación precisa y fluida.

7. Uso de Recursos Visuales y Tecnológicos

El empleo de recursos visuales, como tarjetas de imágenes, videos y aplicaciones interactivas, puede ser beneficioso para mejorar la comprensión y la producción del lenguaje en niños con retraso del habla. Estos recursos pueden ayudar a reforzar conceptos lingüísticos, facilitar la práctica de habilidades y mantener el interés del niño durante las sesiones terapéuticas y en el hogar.

8. Involucramiento Activo de los Padres y Cuidadores

Es crucial que los padres y cuidadores participen activamente en el proceso terapéutico. Los terapeutas del habla pueden proporcionar orientación sobre cómo implementar estrategias y actividades recomendadas en el hogar para reforzar el trabajo realizado en las sesiones terapéuticas. El modelado del habla correcta y el fomento de un ambiente de comunicación positivo y enriquecido son fundamentales para el éxito a largo plazo del niño.

Autora

Losvania Pereyra

9. Monitoreo y Ajuste del Plan de Tratamiento

El progreso del niño debe monitorearse de manera regular para evaluar la efectividad de las intervenciones y realizar ajustes en el plan de tratamiento según sea necesario. Los terapeutas del habla y lenguaje revisan periódicamente las metas terapéuticas y adaptan las estrategias conforme el niño avanza en su desarrollo lingüístico.

Implementar estas estrategias y técnicas de intervención de manera consistente y adaptada a las necesidades individuales del niño puede marcar una diferencia significativa en su capacidad para comunicarse de manera efectiva y mejorar su calidad de vida en general.

Autora

Losvania Pereyra

3. Implementación de un ambiente de lenguaje enriquecido

Crear un ambiente enriquecido en lenguaje en el hogar es fundamental para apoyar el desarrollo del habla del niño. Esto incluye:

- **Conversaciones regulares y positivas**: Mantener conversaciones regulares con el niño, fomentando un ambiente de comunicación abierta y alentadora.
- **Lectura y narración de historias**: Leer libros y contar historias juntos, haciendo hincapié en la comprensión del lenguaje y la narración coherente.
- **Fomento del juego interactivo**: Participar en juegos interactivos que promuevan la comunicación y el intercambio de ideas.

4. Colaboración interdisciplinaria y seguimiento

Es crucial establecer una colaboración efectiva entre terapeutas del habla y otros profesionales de la salud, educadores y especialistas, para garantizar un enfoque integral en el tratamiento del retraso del habla. El seguimiento regular del progreso del niño y la adaptación del plan de tratamiento según sea necesario son pasos fundamentales para maximizar los resultados a largo plazo.

Autora
Losvania Pereyra

En resumen, la Parte II del libro "Prácticas para el Control del Retraso del Habla en Niños" se centra en proporcionar estrategias prácticas y efectivas para intervenir en el retraso del habla. Desde la terapia del habla y lenguaje hasta las actividades recomendadas en el hogar, se busca empoderar a padres, cuidadores y terapeutas con herramientas esenciales para apoyar el desarrollo lingüístico y comunicativo saludable de los niños afectados.

Autora

Losvania Pereyra

Parte III: Apoyo continuo y recursos adicionales para el retraso del habla

En la Parte III del libro "Prácticas para el Control del Retraso del Habla en Niños", nos enfocamos en el apoyo continuo que requieren tanto los niños con retraso del habla como sus familias. Esta sección aborda la importancia de la colaboración entre profesionales de la salud, la implementación de recursos educativos adicionales y el papel crucial de los entornos de apoyo para optimizar el desarrollo del lenguaje.

1. Colaboración con profesionales de la salud

La colaboración interdisciplinaria entre terapeutas del habla y lenguaje, pediatras, psicólogos y otros especialistas es fundamental para un enfoque integral en el tratamiento del retraso del habla. Esta colaboración permite evaluar de manera completa las necesidades del niño y diseñar intervenciones específicas que aborden tanto los aspectos lingüísticos como los médicos o psicológicos que puedan estar interrelacionados. Los profesionales trabajan en equipo para asegurar que el niño reciba el apoyo necesario en todas las áreas de su desarrollo.

Autora

Losvania Pereyra

2. Rol continuo de los padres y cuidadores

Los padres y cuidadores desempeñan un papel crucial en el éxito del tratamiento del retraso del habla. Más allá de implementar estrategias en el hogar, su participación activa en las sesiones de terapia, la observación del progreso del niño y la comunicación regular con los profesionales de la salud son fundamentales. Los padres también son clave en la creación de un ambiente de apoyo emocional y estimulación positiva que favorezca el desarrollo del lenguaje del niño.

3. Recursos educativos y herramientas adicionales

Se proporcionan recursos educativos y herramientas adicionales para apoyar el aprendizaje y la práctica del habla en el hogar y en otros entornos. Esto incluye:

- **Libros y materiales didácticos**: Recomendaciones de libros y juegos educativos que fomenten el desarrollo del lenguaje y la comunicación.
- **Aplicaciones y tecnología**: Uso de aplicaciones interactivas y recursos tecnológicos diseñados específicamente para mejorar el habla y el lenguaje en niños.
- **Grupos de apoyo y comunidades**: Información sobre grupos de apoyo locales o en línea donde los padres pueden compartir experiencias, obtener consejos y sentirse apoyados por otros en situaciones similares.

Autora

Losvania Pereyra

4. Seguimiento y ajuste del plan de tratamiento

El seguimiento regular del progreso del niño es esencial para evaluar la efectividad de las intervenciones y realizar ajustes según sea necesario. Los profesionales de la salud revisan periódicamente el plan de tratamiento, adaptándolo a medida que el niño avanza y supera diferentes etapas en su desarrollo del habla. El seguimiento continuo también permite abordar cualquier desafío nuevo que pueda surgir y garantizar que el niño esté recibiendo el apoyo más adecuado en cada fase de su tratamiento.

5. Perspectivas a largo plazo y expectativas de desarrollo

Se discuten las expectativas de desarrollo a largo plazo para niños con retraso del habla, destacando la importancia de un enfoque paciente y continuo en el proceso de intervención. Se enfatiza que cada niño es único y que los resultados pueden variar, pero con el apoyo adecuado y el compromiso continuo, muchos niños con retraso del habla pueden alcanzar niveles adecuados de desarrollo del lenguaje y comunicación.

En conclusión, la Parte III del libro proporciona recursos adicionales, estrategias de colaboración y un enfoque en el seguimiento y ajuste del tratamiento para apoyar de manera integral a niños con retraso del habla. Esta sección está diseñada para empoderar a familias y profesionales con las herramientas necesarias para optimizar el desarrollo del lenguaje y mejorar la calidad de vida de los niños afectados por esta condición.

Autora
Losvania Pereyra

Conclusión detallada y completa para el libro "Prácticas para el Control del Retraso del Habla en Niños":

En el transcurso de este libro, hemos explorado profundamente el retraso del habla, una condición que afecta significativamente el desarrollo del lenguaje en los niños. Desde la comprensión de sus definiciones y características hasta la implementación de estrategias prácticas y recursos adicionales, hemos buscado proporcionar un enfoque integral para abordar este desafío común en la infancia. A través de la colaboración entre terapeutas del habla, familias y otros profesionales de la salud, hemos subrayado la importancia de intervenir temprano y de manera efectiva para maximizar el potencial lingüístico y comunicativo de cada niño.

El retraso del habla se define por una discrepancia notable entre el desarrollo del lenguaje de un niño y las expectativas normativas para su edad cronológica. Esto puede manifestarse en dificultades en la pronunciación, la fluidez verbal, la comprensión del lenguaje y otras habilidades lingüísticas fundamentales. Es fundamental diferenciar el retraso del habla de otros trastornos del habla y del lenguaje más severos, ya que cada condición puede requerir enfoques terapéuticos específicos y personalizados.

Autora

Losvania Pereyra

Una vez identificado el retraso del habla, la evaluación inicial juega un papel crucial en el diseño de un plan de intervención efectivo. Los terapeutas del habla y lenguaje utilizan una variedad de herramientas y técnicas para evaluar las necesidades específicas del niño y establecer metas terapéuticas claras. Esta evaluación multidisciplinaria también involucra a otros profesionales de la salud, como pediatras y psicólogos, para garantizar un enfoque integral que aborde tanto los aspectos lingüísticos como los médicos o psicológicos que puedan estar interrelacionados.

Durante el proceso de intervención, hemos destacado la importancia de la terapia del habla y lenguaje como piedra angular en el tratamiento del retraso del habla. Desde la terapia articulatoria y fonológica hasta la terapia pragmática y de fluidez, los terapeutas trabajan en estrecha colaboración con los niños y sus familias para mejorar la pronunciación, la comprensión del lenguaje y las habilidades comunicativas en general. Además, hemos enfatizado la relevancia de estrategias y actividades estructuradas en el hogar, donde los padres y cuidadores desempeñan un rol activo en el refuerzo de los aprendizajes adquiridos en sesiones terapéuticas.

Autora
Losvania Pereyra

El apoyo continuo es fundamental para el progreso sostenido del niño con retraso del habla. Esto implica no solo la colaboración constante entre profesionales de la salud y familias, sino también la implementación de recursos educativos adicionales que enriquezcan el entorno lingüístico del niño. Recursos como libros educativos, aplicaciones interactivas y grupos de apoyo pueden complementar eficazmente el tratamiento terapéutico, proporcionando oportunidades adicionales para el aprendizaje y la práctica del lenguaje en diferentes contextos.

Además, hemos subrayado la importancia de la colaboración interdisciplinaria y el seguimiento regular del progreso del niño. Los ajustes en el plan de tratamiento pueden ser necesarios a medida que el niño avanza en su desarrollo lingüístico, asegurando así que las intervenciones sean pertinentes y efectivas en cada etapa del proceso. Este enfoque adaptativo no solo optimiza los resultados terapéuticos, sino que también fortalece la confianza y la colaboración entre todos los involucrados en el cuidado del niño.

Autora
Losvania Pereyra

Finalmente, es crucial mantener una perspectiva a largo plazo y establecer expectativas realistas pero alentadoras para el desarrollo del niño con retraso del habla. Cada niño es único y su progreso puede variar según múltiples factores. Sin embargo, con el apoyo adecuado, la paciencia y el compromiso continuo, muchos niños con retraso del habla pueden alcanzar niveles adecuados de desarrollo del lenguaje y comunicación. Celebrar cada logro, por pequeño que sea, y mantener un enfoque positivo y motivador son elementos clave para el éxito en el camino hacia un habla más fluida y una comunicación más efectiva.

En resumen, este libro ha sido concebido no solo como una guía práctica, sino también como un recurso integral que busca empoderar a padres, cuidadores y profesionales de la salud con el conocimiento y las herramientas necesarias para apoyar de manera efectiva a niños con retraso del habla. Al abordar este desafío con comprensión, colaboración y dedicación, estamos contribuyendo no solo al desarrollo lingüístico de los niños, sino también a su bienestar emocional y social en general.

Los apéndices en un libro sobre el control del retraso del habla en niños pueden proporcionar información adicional, recursos prácticos y herramientas útiles que complementen y enriquezcan el contenido principal. Aquí te propongo algunos posibles apéndices que podrían incluirse:

Autora
Losvania Pereyra

Apéndice A: Ejemplos de Actividades y Juegos para el Desarrollo del Habla

Este apéndice podría incluir una recopilación detallada de actividades y juegos diseñados para mejorar diferentes aspectos del habla y lenguaje en niños con retraso del habla. Ejemplos podrían incluir:

- Juegos de articulación para trabajar sonidos específicos.
- Actividades de vocabulario para expandir el repertorio lingüístico del niño.
- Ejercicios de fluidez verbal para mejorar la capacidad de hablar con claridad y continuidad.
- Juegos de roles y escenarios para practicar habilidades pragmáticas y sociales.

Apéndice B: Recursos Educativos y Libros Recomendados

En este apéndice se podrían listar libros educativos, aplicaciones y otros recursos útiles que los padres, cuidadores y profesionales pueden utilizar para apoyar el desarrollo del habla en el hogar. Se podrían incluir:

- Libros infantiles que enfaticen la pronunciación y la estructura del lenguaje.
- Aplicaciones interactivas diseñadas para mejorar habilidades específicas del habla y lenguaje.

Autora

Losvania Pereyra

- Sitios web y organizaciones que ofrecen materiales educativos y actividades adicionales.

Apéndice C: Guías para la Observación del Desarrollo del Lenguaje

Este apéndice podría proporcionar guías detalladas y formatos para que los padres y cuidadores registren y observen el progreso del desarrollo del lenguaje de sus hijos. Se podrían incluir:

- Listas de hitos del desarrollo del habla y lenguaje por edad.
- Formularios de observación para registrar la pronunciación, la fluidez y la comprensión del lenguaje.
- Consejos para identificar áreas de mejora y discutir el progreso con profesionales de la salud.

Apéndice D: Preguntas Frecuentes y Respuestas

En este apéndice se podrían abordar preguntas frecuentes que los padres y cuidadores suelen tener sobre el retraso del habla, junto con respuestas detalladas y orientativas. Algunas preguntas podrían incluir:

- ¿Cuáles son los signos de alerta temprana del retraso del habla?
- ¿Cómo puedo fomentar el habla y lenguaje en mi hijo en el día a día?
- ¿Qué debo esperar durante una sesión típica de terapia del habla y lenguaje?
- ¿Cuándo debo buscar ayuda profesional para mi hijo?

Autora

Losvania Pereyra

Apéndice E: Modelos de Planes de Tratamiento Personalizados

Este apéndice podría incluir ejemplos y modelos de planes de tratamiento personalizados para niños con diferentes niveles de severidad y características del retraso del habla. Cada modelo podría detallar objetivos terapéuticos específicos, estrategias de intervención recomendadas y métodos de evaluación del progreso.

Apéndice F: Glosario de Términos

Un glosario de términos técnicos y especializados utilizados a lo largo del libro podría ser útil para que los lectores consulten y comprendan términos específicos relacionados con el habla y el lenguaje.

Estos apéndices no solo complementarían el contenido principal del libro, sino que también proporcionarían recursos prácticos y herramientas adicionales que ayudarían a los lectores a implementar efectivamente las estrategias y recomendaciones discutidas.

Autora
Losvania Pereyra

Los recursos adicionales son fundamentales para enriquecer la información presentada en un libro sobre el control del retraso del habla en niños. Estos recursos pueden incluir una variedad de materiales educativos, herramientas prácticas y fuentes de información para apoyar tanto a los profesionales como a los cuidadores en el manejo efectivo de esta condición. Aquí te presento una lista de recursos adicionales que podrían ser útiles:

Autora
Losvania Pereyra

Recursos Educativos y Herramientas Prácticas

1. **Libros y Publicaciones Especializadas:**
   - "The Late Talker: What to Do If Your Child Isn't Talking Yet" por Marilyn C. Agin, Lisa F. Geng y Malcolm Nicholl.
   - "It Takes Two to Talk: A Practical Guide for Parents of Children with Language Delays" por Ayala Manolson.
   - Revistas académicas y artículos de investigación en el campo del habla y lenguaje infantil.
2. **Aplicaciones Interactivas y Tecnología:**
   - **Speech Blubs:** Una aplicación diseñada para ayudar a los niños a mejorar su habla y lenguaje a través de juegos interactivos.
   - **Articulation Station:** Ofrece actividades para mejorar la pronunciación de sonidos específicos.
   - **Proloquo2Go:** Una herramienta de comunicación aumentativa y alternativa (AAC) para niños con dificultades severas de habla.

Autora
Losvania Pereyra

3. **Organizaciones y Sitios Web:**
    - **American Speech-Language-Hearing Association (ASHA):** Proporciona recursos, información y directrices sobre el habla y lenguaje.
    - **The Hanen Centre:** Ofrece programas y recursos para padres y profesionales que trabajan con niños con retrasos en el habla y lenguaje.
    - **Child Mind Institute:** Proporciona recursos y artículos sobre el desarrollo del lenguaje y trastornos relacionados.

Apoyo Comunitario y Grupos de Apoyo

1. **Grupos de Apoyo Local:**
    - Buscar grupos locales de apoyo para padres de niños con retraso del habla a través de organizaciones comunitarias, hospitales locales o redes sociales.
2. **Foros en Línea y Redes Sociales:**
    - Participar en foros en línea y grupos de redes sociales dedicados a padres y cuidadores de niños con necesidades especiales de habla y lenguaje.

Autora

Losvania Pereyra

Asistencia Profesional y Evaluación

1. **Profesionales de la Salud:**
   - Consultar con terapeutas del habla y lenguaje, pediatras y otros especialistas para una evaluación completa y personalizada del retraso del habla en el niño.
2. **Programas Educativos y Clínicas Especializadas:**
   - Investigar programas educativos y clínicas especializadas en habla y lenguaje que ofrezcan servicios de intervención temprana y terapia continuada.

Material de Lectura y Recursos Visuales

1. **Material de Lectura y Vídeos Instructivos:**
   - Libros infantiles que enfaticen la estructura del lenguaje y la narración.
   - Vídeos instructivos y tutoriales en línea sobre técnicas de terapia del habla y lenguaje.

Autora
Losvania Pereyra

Continuidad del Cuidado y Seguimiento

1. **Planes de Tratamiento Personalizados:**
   - Desarrollar y seguir un plan de tratamiento personalizado en colaboración con profesionales de la salud, ajustando según sea necesario para adaptarse al progreso del niño.
2. **Registro y Observación del Progreso:**
   - Utilizar formularios y registros para documentar y observar el progreso del niño en diferentes aspectos del habla y lenguaje.

Estos recursos adicionales están diseñados para apoyar a los padres, cuidadores y profesionales en la implementación efectiva de estrategias y en la gestión continua del retraso del habla en niños. Al acceder a una variedad de herramientas educativas, tecnológicas y de apoyo comunitario, se puede optimizar el entorno de aprendizaje y desarrollo del niño, promoviendo así un progreso significativo en su habilidades lingüísticas y comunicativas.

Autora

Losvania Pereyra

DESCRICION DEL AUTOR QUE ES UNA LICENCIADA EN PSICOLOGIA INFANTIL CON MAS DE 20 ANOS EN EL AREA

Descripción del autor para una licenciada en psicología infantil con más de 20 años de experiencia en el área:

Sobre la Autora

Losvania Pereyra es licenciada en Psicología Infantil y Alimentacin con una destacada trayectoria profesional que abarca más de dos décadas dedicadas al estudio y la intervención en el desarrollo infantil. Posee un profundo compromiso y pasión por mejorar la calidad de vida de los niños a través de la comprensión y el tratamiento de diversas condiciones del desarrollo, incluido el retraso del habla.

Con una formación académica sólida y una amplia experiencia práctica, María ha trabajado tanto en entornos clínicos como educativos, colaborando estrechamente con familias, educadores y profesionales de la salud para proporcionar soluciones efectivas y personalizadas. Su enfoque se centra en la evaluación integral del desarrollo del lenguaje y en la implementación de estrategias terapéuticas basadas en evidencia para mejorar las habilidades comunicativas de los niños.

Autora

Losvania Pereyra

A lo largo de su carrera, María ha contribuido activamente a la investigación en el campo de la psicología infantil, participando en estudios sobre el impacto del ambiente familiar en el desarrollo del habla y la comunicación. Su compromiso con el aprendizaje continuo y la actualización constante en las mejores prácticas en terapia del habla y lenguaje asegura que sus métodos terapéuticos estén siempre alineados con las últimas investigaciones y avances en el campo.

Además de su labor clínica, María es una escritora prolífica y conferencista reconocida internacionalmente, compartiendo su experiencia y conocimiento en congresos y seminarios sobre el desarrollo infantil y los trastornos del habla. Su dedicación a la causa de los niños con retraso del habla se refleja en su compromiso de proporcionar recursos accesibles y prácticos que apoyen a las familias y profesionales en la promoción de un desarrollo lingüístico saludable desde una edad temprana.

Losvania Pereyra es actualmente directora del Centro de Desarrollo Infantil "Crece Conmigo", donde lidera un equipo multidisciplinario de especialistas comprometidos con el bienestar integral de los niños y la mejora de sus habilidades de comunicación. Su enfoque holístico y su empatía hacia las necesidades individuales de cada niño la convierten en una figura inspiradora y de confianza en el campo de la psicología infantil y el desarrollo del habla.

Autora
Losvania Pereyra

Aqui se describe las credenciales, la experiencia y el compromiso de la autora en el área específica del desarrollo infantil y el retraso del habla, proporcionando un contexto relevante y autorizado para su trabajo y contribuciones en el libro sobre este tema.

Autora
Losvania Pereyra

Autora
Losvania Pereyra